JN439891

어머니 전언傳言

어머니 전언傳言

맑은소리
맑은나라

시인의 말

세월이 유수와 같아 어머니 가신지 벌써 1년이 지났습니다.
애통하고 슬픈 마음에 날마다 돌아봐도 그립지 않은 날이 없었으며 돌이켜 생각하니 불효한 날 또한 얼마인지, 어머니 마음 헤아리지 못한 세월에 죄스런 마음 전할 길이 없습니다.
살아 생전에 한번이라도 더 찾아 뵙지 못했음을 후회하고 살아 계실 때 한번이라도 더 통화하고 마음을 기쁘게 하지 못했음에 후회가 막급입니다.
이제 그 후회의 끝에 서서 어머니를 추억하고 그리워하는 시를 모아 시집을 내고자 함은 지난 시간의 후회와 함께 그리운 어머니와의 추억을 곱씹으며 나와 같은 불효를 저지르는 사람들이 더 이상 없기를 바라는 마음에서 저의 5번째 시집을 '어머니 전언傳言'으로 정했습니다.
어머니와 함께 했던 세월에 감사하고 희생과 봉사로 얼

룩진 어머니의 생애에 찬사를 보내며 어머니의 아들로 태어나 행복했고 또 감사했습니다. 다음 생이 있다면 다시 모자의 관계로 만나기를 진심으로 바라는 바이며 어머니 영전에 이 시집을 바칩니다.

어머니 생전에 며느리로써의 도리를 아낌없이 해준 저의 아내 박정숙에게도 진정 감사드리며 자식의 도리를 다한 우리 형제에게도 고마움을 표합니다.

제 5시집 '어머니 전언傳言'이 나오기까지 힘써 주신 맑은소리 맑은나라 김윤희 대표님과 부산불교문인협회 고문이신 양원식선생님, 부산문인협회 최영구 前 회장님과 저에게 아낌없는 조언과 충고를 주신 前 KBS 부산방송 아나운서 부장이신 김병래 선생님께도 감사의 인사드립니다.

2022. 4.

남천 정태운

프롤로그

–

김 윤 희
맑은소리맑은나라 대표

세상의 전부가 되기도 한다.
세상의 중심이기도 하며.

'엄마'는 그런 존재이다.
하물며,
사랑이 특별한 자식이라면 그 깊이는 가늠이 어렵다.

정태운 시인에게 '엄마'는 시인 자신이다.
그만큼 각별한 모자母子의 정이
자간마다 행간마다 배어 있다.
어느 한 편, 사랑이 부족한 시가 없다.
시 한 편을 소개한다.

함께 했던 자리마다(어머니를 그리며)

그립도록 사무치니
가슴이

찢어집니다
다시는 볼 수가 없다는 사실에
하늘이 무너집니다

함께 했던 자리에서
술 한잔하다
울컥 솟아나는
그 아림

마른 눈가에도
눈물이 솟구침은
보고픔
그 간절함에
몸서리치는 아우성으로 옵니다

사무치도록 그립다는 것은
사무치게 서럽다는 의미이기도 하다.

시 전체에 흐르는 언어의 주된 내용은
그리움과 사랑이다.
그것은 퍼내도 퍼내도 마르지 않을 샘물이며 품고 있는
사랑은 마치 줄지 않는
화수분을 백개쯤 옆구리에 차고 앉은 품새로 느껴진다.

이쯤 되니,
나도 나의 엄마가 그립다.
곁에 계셔도 부르고 싶은 이름, 엄마.
나 또한 후일,
언제가는 엄마의 부재를 체감하는 날이 올터인데,
나는 과연 얼마나 의연해질 수 있을지
벌써 가슴이 먹먹해온다.

정태운 시인,
이제 그를 대변할 다른 언어는
그가 그토록 애닯게 부르는 그의 엄마이고,
세상의 모든 '엄마'이다.

추천의 글

–

최 영 구
시인, 문학박사, 前 부산문인협회회장

그 위대한 모성에 대한 정서와 시적 성취

이번 정태운의 제 5시집「어머니의 전언傳言」에 실린 시의 대부분은 모성애에 관한 것이다.

모성애 그건 모든 인간에게 존재하는 인간애 중 가장 위대한 것이다. 그런 위대한 모성애를 언어로 표현한다는 것은 거의 불가능에 가깝다. 설령 언어로 표현한다 하더라도 췌언에 불과할 것이다.

우리가 바다나 하늘 같은 눈에 보이는 물리적인 대상도 그 광활한 한계로 하여 시적으로 그 정취를 성취해 내기가 쉽지 않는 법이다. 하물며 사랑이라는 그것도 모성애라는 내면적이요, 추상적인 것을 시적으로 성취해 내기란 어려운 법이다. 하여 지금까지 많은 시인이나 문인들이 어머니의 사랑을 작품으로 승화하려 시도해 왔지만 사람들의 입에 회자되는 작품은 그리 많지 않은 편이다.

하지만 이번 정태운 시인의 제 5시집에 실린 어머니의 사랑에 대한 시편들은 시인의 어머니가 돌아가신 지 1년이 되는해, 곧 어머니의 기년제를 맞아 시인이 평생 어머니에게 받아온 사랑의 감정을 진솔하게 서정화 한 것이어서 더 주목된다.

거칠어져 가는/ 숨소리 따라/ 가슴에 애이는 안타까움/ 이별은/ 아무리 예고를 한다고 해도/ 슬픔을 차감할 줄 모르는데/ 어느 강가에서/ 어느 뱃길로/ 이승의 강을 건너시려나요/ 나는/ 그 길에/ 그 강가에 서서/ 뱃길을 막고 서렵니다/ 무엇이 두려우리까 할 수만 있다면/

- 어머니의 길을 막고 서서 전문

누가 죽음을 막고 설 수 있겠는가. 하지만 시인은 온 몸으로 어머니의 죽음의 길을 막아서려 한다. 정태운 시인처럼 우리가 모성애에 보답하는 길은 오직 오래오래 어머니의 사랑을 기억하는 일일 것이다.

추천의 글

–

김 병 래
前 KBS아나운서부장, 시인, 수필가

어머니의 그리움이 강물 같은 시어들

정태운 시인의 시집 「어머니의 전언傳言」을 읽는 순간 언젠가 국내 굴지의 회사에서 신규사원을 뽑을 때 면접관이 응시생들에게 가장 존경하는 인물과 그 사유를 말하라고 하자, 다른 응시생들과 달리 뜻 밖에 자기가 가장 존경하는 분은 자기 어머니라고 하며 구구절절 파란만장했던 어머니의 과거지사와 자랑스러움을 진지하게 말해 시험관들의 눈시울을 붉게 했던 한 젊은이의 모습이 떠올랐다.

연유는 그 젊은이의 어머니와 정태운 시인의 어머니의 모습이 너무도 유사했기 때문이었다. 두 분 모두 일찍 남편과 사별하고 가난 속에서 어린 자식들을 온갖 시련과 역경을 이겨내며 훌륭히 키운 점이 공통점이었고, 성장한 자식들이 이런 어머니의 가없는 고마움과 은공을 한시도 잊지 않고 열심히 성실하게 살아가고 있다는 사실이 또한 공통점 이었다. 그리고 개인적으로는 오늘날 젊은 이들이들에게 소중한 부모의 은덕을 기리는 표상이 되고 있다는 생각이 풀꽃처럼 피어나기도 했다.

정 시인을 처음만난 것은 알바토로스 시낭송회에서다. 항상 그는 인간의 훈훈한 정과 사랑. 삶의 진정이 담긴 시를 멋지게 낭송해 갈채를 받는가 하면 특히 와인 시인으로도 널리 알려져 각광을 받고 있으며 폭넓은 대인관계와 부산의 시문학발전에도 깊은 관심을 기울이며 음으로 양으로 좋은 일을 게을리 하지 않고 있는 줄 안다.

앞에서 잠시 열거했지만 이번에 펴낸 다섯 번째 시집 '어머니의 전언'은 정 시인이 사랑하는 어머니를 1년 전에 여의고 그간 어머니를 그리는 그리움이 가득한 시를 사모곡으로 엮어 냈다. 그 안에는 정시인의 어머니가 일찍이 밀양에서 막노동과 행상, 날품 등 온갖 힘든 일을 하며

7남매를 키운 눈물겨운 이야기도 있고, 갖은 고생을 하면서도 자식들이 반듯하고 바른 길로 나가기를 바라며 훈계를 했던 훈육 같은 이야기도 있으며 자식으로서 살아생전 편안히 모시지 못했던 불효의 한스런 이야기들이 서술적으로 담겨 있어 깊은 울림을 더해주고 있다.

만약에 정 시인이 시를 쓰지 않았더라면 이렇게 슬프고 아름답고 만인의 가슴을 적셔주는 시를 남기지는 못했으리라. 좋은 시는 누구에게나 공감을 불러일으키고 많은 독자들로 하여금 입을 통해 전파가 되기도 한다.
미사여구가 아닌 쉬우면서도 알알이 모두의 가슴을 어머니의 그리움으로 가득 채운 강물 같은 시어들은 보는 이들에게 언제나 부모의 공덕과 깊은 정을 일깨워주는 이정표가 될 줄 믿는다.

다시금 다섯 번째 시집 '어머니의 전언' 발간을 축하하며 건강과 행운이 가득하길 바란다.

추천의 글

–

양 원 식

시조시인

인간 중심 보다는 목숨을 존중시하는 시안에 작품정신

남천 정태운 시인과는 얼굴을 맞대고 웃음을 나눈지 불과 삼사년 세월이다. 전당문학 창간호와 걸음을 같이 하였다.
늦깎기라는 말이 있다. 2018년 청옥문학이 라는 문예지에 등단의 기회를 얻어 문단 걸음을 시작하였다.

왕성한 시창작 열로 매일 한 수씩에 가까운 역작을 쓰고 있다. 제4집 '사랑도 와인처럼' 푸른문학사에서 발간한 작품집이 교보문고에서 베스트셀러라는 인정을 받아 기성 문단에 주목을 받는 시인, 역량있는 문인을 필자의 이웃에 두고 조석으로 시담을 주고 받는 사이가 되어 즐거움을 누린다.

제5집 '어머니 전언前言'이란 제호로 추천사 부탁을 받고 무척 반겼다.

남천 정태운 시인의 인간 됨됨을 그의 효심에서 찾아 효자의 모습을 독자와 더불어 문자향을 나누게 되었다. 문단 선배 한사람으로 자랑이라고 감히 자평자부를 한다. 제4집 '사랑도 와인처럼' 작품집 마지막 작품인 어느 날의 공허' 중 일부를 적어 본다.

불지 않으면 흔들리지 않는 가지지만
꽃잎은 바람이 없어도
날리지 않고도 떨어진다

따뜻함 속에도
비어 있는 허공으로
하루의 공허가 달빛에 머문다

비우고 채움이 채우고 비움이 꽃잎이란 소재를 통하여 생명을 존중시 하는 불가의 화엄상생의 뜻에 박수를 보낼 일이다. 인간 중심 보다는 목숨을 존중시하는 시안에 작품정신을 보았다.
내일을 기약하는 달빛이 갈 길을 잡아주는 작의에 감탄을 했다.

사자소학 효행편에 '아신我身,오신吾身, 회아懷我, 온아溫我, 포아飽我'라는 문자가 보인다. 나를 낳고 품어서 먹이고 입힌 부모님의 크신 은덕을 꼭 마음에 새겨두라는 뜻이리라.

남천 정태운 시인은 어머니 생전 효행 효자로 칭찬을 받으신 분이다. 장수, 무병, 쾌차를 비는 자리에 내외분이 함께한 모습을 보았다.

"서러워 말거라 / 인생이란 / 그렇게 가고 오는 거란다 / 내 자식으로 / 태어나줘서 너무 고마웠구나 / 너희로 인해 /사는 것이 행복했단다"

어머니 전언 1부 첫 부분
모자지정이 간절했음을 읽을 수 있지 않은가.

“지난 겨울 / 서러워 얼어붙은 사랑 / 햇살에 녹아 / 나를 적시는 봄비 되려나요 / 숨어렸던 그리움따라 사랑 찾아 온다면 / 지난 가을 날렸던 / 씨앗으로 미소는 들녘에 가득하리니 / 그대를 잊고 있었단 말도 않을터니 / 나를 잊고 있었단 말도 마시구려 / 아지랑이 피어오르니 / 그렇게 피어 오르더이다”. 전편

제4장 어머니, 꽃으로 피어나소서 / 일부
“굵어진 손마디마디 / 주름진 얼굴 / 반기시는 환한 미소가 그리워 / 잠못 드는 밤이 얼마였던가요 / 이 계절 지나면 / 당신이 떠나셨던 그 계절 /봄이랍니다 / 어머니 꽃으로 피어나소서”

극락왕생, 음택에 계신 어머니를 그리면서 쓴 시로 아지랑이 피는 봄날 돌문을 열어 고향 보리밭에 종달새 울음

소리 들으시는 날 다발로 묶은 카네이션을 드리겠다는 눈물을 적시면서 쓴 아픈 마음이 효자 남천 정태운 시인의 가슴으로 손색이 없다. 어머니를 여읜 필자의 마음이 무거워진다.

남천 정태운시인의 문운이 길이 빛나시기를 빈다. 두서없는 글이라서 민망하다. 합장

목차

1장

어머니 전언傳言

2장

어머니의 길을 막고 서서

3장

주인 잃은 카네이션

4장

어머니, 꽃으로 피어나소서

5장

지난 햇살

후회의 끝에 서서 어머니를 추억하고 그리워하며…

1장

어머니 전언傳言

어머니 전언傳言

서러워 말거라
인생이란
그렇게 가고 오는 거란다
내 자식으로
태어나 줘서 너무 고마웠구나
너희로 인해
사는 것에 행복했단다
어느
인연에 또 너희를 만나
이토록 큰 행복이 있을까
나 떠난다고 너무 울지는 말거라
꽃이 피듯 꽃이 지듯
계절의 순리는 그렇고 그럼을 알지 않느냐
한때의 행복과 웃음
너희로 얻고 너희로 복 되었단다

가난에
찌들렸어도 너희가 버팀목이 되었고
너희가 위안이 되었기에
어미의 한 평생은 어려웠으면서도
쉽게 살았고 얼마나 행복했는지 모른다
너희는
보약처럼 언제나 나의 힘이 되었단다
가지 많은 나무에 바람 잘 날 없다지만
너희들이 있어
줄기가 버티고 부딪혀도 나에겐 의지가 되었단다
참 행복한 삶이었단다
어느 세월에 또 너희를 만날꼬
어느 인연에 또 너희와
부모 자식의 인연을 맺을꼬
나는 그러고 싶다만

정태운 시집
어머니 전언傳言

그림. 향설 최승아

너희에겐 미안하구나
사랑하는 나의 아들딸들아
어미는 이렇게 가지만
다시 만나고 싶구나
너희에겐 못난 어미지만
다시
인연의 끈을 놓고 싶지 않구나
사랑했다
사랑한다
그리고 영원히 사랑한단다
안 좋았던 모든 기억은 버리고
나의 사랑만 기억해다오
나의 삶이
너희들로 하여 결코 누추하지 않았단다
그러기에
나는 이렇게 웃으며 떠날 수 있겠다
바람이 불어온다

카네이션

태양을 담아 붉다고 하지만
사랑을 가득 품어
예쁘다고 하지만
내겐 시리도록 아픈 꽃

보은의 마음
마음의 작은 정성
천만분의 일이라도 표현하고파
가슴에 달아주는 꽃

해마다 하루쯤은
모두가 가슴에 품고 어루만지고
감사와 눈물을 전하는 꽃

누구에겐 어여쁘고
누구에겐 감사하고
누구에게는 시리도록 아픈 꽃

5월이 전하는
가장 사연 많은 꽃

돌밭의 햇살 같이

봄마다
돌밭에 아지랑이 피어오르고
그리움의 꽃이
피어나겠지

3월에 떠난
어머니의 발걸음
꽃으로 피어나면
봄비에 촉촉이 가슴을 적시겠지

다행이다
다행이다
봄철 어머니는 미소 지을 수 있어서

돌밭에 내리는 햇살이
아지랑이로 피어 오면
어머니 얼굴도
아련아련 거리겠지

함께 했던 자리마다
(어머니를 그리며)

그립도록 사무치니
가슴이
찢어집니다
다시는 볼 수가 없다는 사실에
하늘이 무너집니다

함께 했던 자리에서
술 한잔하다
울컥 솟아나는
그 아림

마른 눈가에도
눈물이 솟구침은
보고픔
그 간절함에
몸서리치는 아우성으로 옵니다

당신께 가는 마음

천 갈래 물길로
당신께 갈 수 없나요

천만 점 구름으로 당신께
흘러갈까요

아
어딘지 알 수도 없으니
천 갈래
만 갈래 바람으로
당신을 찾아 나섭니다

비어 있는 가슴

바람이
스쳐 갔나요
바람에 날려 갔나요
공허로운 날도 아닌데
가슴이 텅비어 있습니다

무엇으로
채울까요
무엇으로 마음을 달랠까요

당신의 손길이 그리운 날
꽃으로 핀다 하시고
떠나셨나요

가슴에 영원히 지워지지 않는
그리움 하나 남겼습니다

마르지 않는 우물

당신으로 하여
마르지 않는 샘 하나 가졌습니다
당신이 제게 남겨 준 샘으로
추억이라는
우물을 팠습니다

그립고 아쉬우면
우물 속에 내 모습을 비추고
당신의 모습을 포갭니다

그리워 목이 타들어가면
두레박을 내려
그 우물물을 마십니다

내 눈물이 더해진 그 우물물을

꽃잎을 보내며

그래요
봄비에 왔으니
봄비 따라가셔야겠죠

맞아요
서운한 마음이 어찌 없겠어요
꽃잎이 하나둘 필 때는
미소와 행복 가득했으니
감사해야겠지요

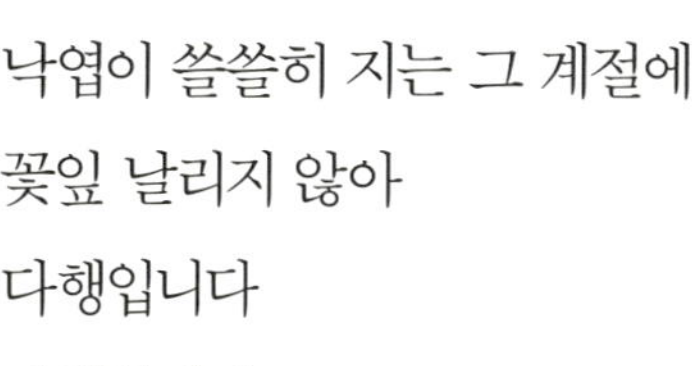

낙엽이 쓸쓸히 지는 그 계절에
꽃잎 날리지 않아
다행입니다
다행입니다

당신이 오신 그 길 따라
꽃잎을 뿌립니다
사뿐히 즈려밟고 가십시오

계절의 이별

목마름으로
그 비에 피어났다
그 비에
꽃잎이 지네

그리움 갈증에
사랑을 알고
그 그리움에 이별하는 사랑

어머니가 보고픈 날

누구나
어머니가 그리운 날이 있겠죠
오늘이 그날입니다
지금이 그렇습니다

눈가에
이슬방울 그렁그렁 달고 선 날
그리움과 안타까움에도
뵐 수 없음은
꽃잎마저 떨구게 합니다

가눌 수 없는 마음 달래려
고향 하늘 아래
어머니가 계신 곳으로
차를 몰아갑니다

늦은 후회

화무십일홍임을
꽃은 진 후에야 알았단다

나무는 단풍이 들고서야
녹음이
영원하지 않다는 걸 알았단다

중천에 뜬 해는 서산 마루에 걸리고서야
진다는 걸 알겠지
서산 하늘을 피빛으로 물들이며

영원하지도
짧지도 않게 주어진 시간
떠나고나서야
안다면
안다면

아는구나

어머니 언덕

강하게 보였던 건
여린 마음 때문인 걸

사랑으로 가득한 맘
어느 뉘 알아주오

어머니
떠나고나니
세상만사 밤길이오

내 있는 곳

내
어디 있는지 묻지 마라

바람이 없는 곳
그리움이 없는 곳
영혼이 없는 곳

어머니와 함께 있을게

어머니 맘 알고서

서운했을 당신의 마음
이제야 알고서
오열합니다

돌아가는 달빛에
젖은 마음 열어보고
아리는 절규를 합니다

얽매인 삶이라는 핑계 내세우고
잠시 돌아보면
알 수 있었을 것을

내게 찾아온 서운함 맞이하고야
당신의 젖은 마음
열어봤습니다

참 바보입니다
참으로 불효였습니다

바람이 있어

누군가
소원을 들어준다면
투박한 그 손결이라도 느끼고 싶습니다

바람이 있다면
힘 없으신 목소리라도 듣고 싶습니다
간절히 기도하여
이루어질 수 있다면
자애로운 그 눈빛 맞이하고 싶습니다
할 수만 있다면
그 품에 안겨도 보고 싶습니다

차가운 땅기운에 춥지나 않으신지
비바람 눈보라 몰아치는 소리
서럽고 무섭지나 않으신지
빛 들이고 꽃 들여 놓았건만
이리도 가슴 아립니다
어머니!
우리 어머니!

보내는 게 그렇게 쉽던가요

이제 그만 놓아 주세요
이제 그만 떠나보내시구려

놓고
떠나보내는 게
그렇게 쉽던가요

아른거리는 모습
그렇게라도 간직하고 싶은 마음
진정 모르고 하시는
말씀인가요

보낸다고
보내지는 게 마음대로 되던가요

그냥 두세요
어머니와의 추억이 있어
살아갑니다

그 이름 하나

지금은 불러도
대답 없지만
꼭 부르고 싶은 이름 하나 있다오

그 얼굴만 떠올려도
눈시울 뜨거워지는
이름

산산이 부서질 이름도 아니고
부르다가
내가 죽을 이름도 아니건만

그래도
내 가슴에
꼭 묻어둔 이름 하나
내게 있다오

그 이름 하나

어머니의 겨울바람

휭

휭

북풍이 몰아치는 소리

남포리 뒷산에도 바람이 불겠지

양지바른 곳이라도

이 바람에

울 엄마

처음 대하시고 놀라시지 않으신지

춥지나 않으신지

밀양강 안으시고

종남산 바라보는 자리

겨울바람 맞으시는 자리

뜬금없이

울 엄마 생각에

눈물이 하염없다

2장

어머니의 길을 막고 서서

어머니의 길을 막고 서서

거칠어져 가는
숨소리 따라
가슴 에이는 안타까움

이별은
아무리 예고를 한다고 해도
슬픔을 차감할 줄 모르는데

어느 강가에서
어느 뱃길로
이승의 강을 건너시려나요

나는
그 길에
그 강가에 서서
뱃길을 막고 서렵니다
무엇이 두려우리까 할 수만 있다면

엄마의 꽃

꽃이 지고 있다
엄마의 꽃이 지고 있다
머금은 눈물을
쏟아내며
병에 질린
엄마의 노란 장미가 지고 있다
시한부 선고를 받고
이 혹독한 겨울을 이길 수 있을까
한 많은
엄마의 꽃
엄마의 꽃이 시들고 있다
이별을 예고한 설움 앞에
나는
무력함에 피를 토한다

이별가

떠나시려 하십니까
찬바람 매서워 어찌 가시려구요
눈길 험난해
어떻게 가시려나요
따스한 봄날에 저희들 버리고 가셔도
말하지 않으리다
한여름
뙤약볕 길에 떠나셔도
서러워하지 않으리다
언 손은
언 발은 어떻게 하시려고
이렇게
떠나시려고 하시나요
이 겨울엔
떠나시지 마시구려
이 차가운 겨울에는 제발 가시지 마시구려
따뜻한 봄날

꽃 피고 새 우는 좋은 날
꽃 구경 산천 구경 하시며 떠나시구려
그러면 울지 않으리다
잡은 손 곱게 놓아 드리리다

어머니란
이름을 지우려 하십니까

당신이 제게
지어주신 이름으로
살아온 세월이 큰 기쁨이었습니다

당신이 제게
불어 주신 생명의 숨결이
얼마나 포근하며 큰 위안인지 아십니까

어머니란
당신의 이름을 지우시려 하고
당신의 숨결이 가늘어지는 지금
당신과 함께 했음이
얼마나
큰 은혜이며
축복인지 뼛속 깊이 알겠습니다

저의 사랑이
당신의 사랑에 영원히 미치지 못함을
이제야 알게 됨을
원망합니다

좀 더 많은 시간을
바쁘다는 핑계 아닌 핑계로
당신과 함께 하지 못했음을 알았을 때
촛불은 마지막 심지를 태우고 있습니다

이렇게
가슴 쓰리고 아픈 날에는
눈도 비도 오지 않습니다

노모의 폐암 선고

황혼이 붉게 물들은 날
가만히 두어도 저무는 해인데
석양에 웬 심술이 많아
지는 해에게까지
구름을 드리워 어둠을 재촉하느냐

나의 해도
서쪽 하늘을 바라보건만
가슴앓이로 석양은 어두워지고 있다

통곡의 곡소리
속으로 속으로 삼키는 나날
먹구름은 눈가에 머물러 비를 뿌리는데
이별은 초를 다투며 째깍여
혼란스럽게 다투고 있다

병실에
드리운 커튼을 걷어내도
아픔은 육체에서보다
마음에 새기는 통증이 아리고 아린다

아~~~!!!
어머니
나의 어머니
언제나 다시 태어나도
당신의 아들이고 싶습니다

기도

나의 간절함이
깊고 깊으라고
무릎이 으스러지고
땀으로 뒤범벅이 되건만
지성은
하늘에 닿지가 않는다
입가에 외치는 오직 한 소리
관세음보살!
관세음보살!
들어주소서!
기적을 주소서!

어머니의 봄비

우릴 잊고
당신도 잊어가십니까

가족이란 말도 잊고
모자의 연도 잊어가십니까

서러운 날에
봄빛은 왜 이리 곱기만 할까요

고운 어머니
이쁘게 옷매무새 하시고서
떠나시려나요

봄비는
들녘에 뿌리지 않고
자꾸만
저희들 눈가에만 내리고 있어요

울면서 가는 세월

온 몸에 봄볕을
안고서도
봄이 오지를 않는다

겨우내 못다 나눈 모자의 정이 남았는데
떠나가지 마시라
붙잡으면서도
아버지 묘자리 옆에
어머니 자리를 보고 온다

불효도
이런 불효가 있을까

기적을 빌리고자 합니다

세상의 어느 곳에는
알 수 없는 빛으로 반짝여
광명을 주듯
오늘은 나의 하늘에서
이루어지기를 바라는 간절함 하나
손에 쥐고자 합니다

절망의 순간에 등대를 보듯
내게 내리는 한 줄기 빛
그것은
기적의 외침입니다

살아가며
한 번쯤 기적을 만난다면
오늘 이 시간 간절함을 올리나니
붙잡아 오로지
바라는 한마디
"기적처럼 어머니 일어나게 하소서~~!!!"

엄마의 달

언제나 동화에선
쪽배 달에 별 하나 그려져 있지
그 달 흘러가도
그 별
반짝이며 외롭지 않은 것은
엄마 달 때문인 것을
누군가가 손대어
엄마 달이 기울고 있다
흘러 흘러
한 밤 두 밤 지나고 나면
엄마 달 사라지겠지
반짝이는 별 하나
외로워 어떻게 밤 하늘에 있고
홀로 은하수 건너야 할까
기울어 가는 엄마 달
잡고 싶어라
잡고 싶어라

눈물샘

어머니!
각박한 삶에 찌들어
눈물이 메마른 줄 알았습니다
마지막 남은
생명의 불꽃을 태우시는
당신의 모습에서
자식으로서 인간으로서 무력감에
아무것도 할 수 없는 현실에
세상과 신이 원망스럽고
당신과의 영원한 이별의 예감에
수시로 때때로
그리고 지금
그칠 줄 모르는 눈물에
앞이 보이지 않습니다
당신의 자식은
울보인가 봅니다
저에게 이별을 알게 하고
마르지 않는 눈물샘을 주셨군요

엄마를 보내는 준비

엄마~~~!!!
우리 엄마 떠나시고 나면
그리워서 어떻게 살고?

엄마~~~!!!
우리 엄마 보고프면
긴 세월 어떻게 참고 있을꼬?

못다한 이야기
가슴에 뭉쳐 돌이 되는데
한없는 눈물은
또
어떻게 그치게 할고?

엄마~~~!!!
우리 엄마
보고파 달려가야 할 밤이 길어
이리 뒤척이고 저리 뒤척이는 밤

엄마, 엄마!

우리 엄마!

이 아들이 사랑한다고 말은 했는지요

세월이 약속하오

세월이 무정하오

딱 서른살로만 살래요

어머니
우리 어머니
저
자라지 말걸 그랬어요

제가 자라
어른이 되니
어머니는 너무 나이 드시어
힘들어 하시잖아요

어머니 어머니
우리 어머니
저
어머니 힘드시지 않게
딱 서른살만 먹을 걸 그랬어요
걱정 안 끼치드리고 효도만 할 수 있는 나이

어머니

우리 어머니

저

딱 서른살로만 살래요

신축년 설날

어제는 까치들 설날이라 하고
오늘은
우리들 설날이라 한다

2021년 설날
2월 중순에 찾아온 늦은 설날
오늘은
덩그렇게 가슴 비어 있는 날이다

서러운 풀빛
들녘에 슬며시 고개를 여미 듯
어머니 없이 맞이하는 차례상에는
슬픔이 가슴에
서글픈 풀빛을 돋아나게 한다

기쁘고 행복한
축원과 덕담의 시간이 아니라
잃어버린 젊음의 회한이 사무치는 날이다

다만
몇 년 만이라도
아니
다음 추석까지만이라도
우리 곁에 계실 수만 있다면

조상님 전
엎드려 드리는 참배 속에 간절함을 담아
어머니의 건강을 빌고 빌어보는
신축년 설날

봄은 왔건만

봄이 오면
모든 게 돌아오건만
돌아오지 않는 것도 있어라

지난 해 졌던 꽃들도
벌나비도
봄을 따라 오건만

봄이 와도
오지 않는 것들…
한번 간 사람들은 오지를 않는다

울 엄마도

봄별 애가哀歌

그대를 보지 못할까 봐
눈 감으면
영원히 깨어나지 못할까 봐
고이 쉬는
선잠에도 그대 없으니 놀라라

인사는 하고 떠납시다
안녕이란 말도 없이
가을날 잎새처럼
떠나진 맙시다
겨울을 보내는 사람아!

싱그러운 햇살이 고운 날
봄볕을 쬐이자 마자
저 별로 떠난 사람 있었기에
두려움에
그대의 손은 놓기 싫어라

그대 없으니

굳건히 마음을 지켜도
영원이라 새김을 해도
어떤 땐
문득
한자락 바람에도 흔들리더라

그대
떠나고 없으니

꽃 피는 날이 무섭더라
바람 부는 날이 두렵더라

정태운 시집
어머니의 길을 막고 서서

꿈길

아득도 아득해서
생각에 생각 쌓고

흘러도 한참 흐른
과거에 홀로 서니

그립고
안타까워라
아픈 상처 덩그렇네

3장

주인 잃은 카네이션

주인 잃은 카네이션

패랭이꽃
다듬고 어르니 카네이션이 돼 듯이
어버이 마음 모으고 모으니
가없는 사랑이 됩니다

카네이션 한 송이
줄 곳 잃어
온종일 꽃집만 바라보고
눈길은 하염없이
꽃바구니에 머무는 하루

가슴에 달아주는 꽃이 부끄러워
애써 사양하고
먼 허공에 시선 두면
그리운 얼굴
구름 속에서 피어납니다

어느새

손에 지어진 카네이션 다발

가만

개울가에 띄워봅니다

그리움 가슴에 달고

그립다 말하니
밤하늘의 별이 되었나요

다시 그립다 하니
봄철의 꽃으로 피어났나요

함께 했던 그 많은 날들은
진정 꿈이었나요

바람결에 스쳐가는 그리움
그리움
그리움
아, 어머니~~~!!!

어머니의 江

강가엔 아직도 겨울이 웅크리고 있었습니다
산에도 아직 겨울이 머물고 있었습니다
1년에 몇 번 찾아보지 못한 곳
어머니의 안식처는 아직도 겨울이었습니다

오늘따라 바람은 살을 에이고
오늘따라 눈가엔 이슬이 맺히고
오늘따라 그리움은 더욱 더 사무칩니다
어머니 곁에 왔음에도

확 트인 공간에
어머니의 강이 흐르고 있습니다
그 강엔
사랑을 품고 그리움이 흐르고 있습니다
나는 온종일 발을 떼지 못하고
어머니의 사랑을 바라보다 발길을 돌립니다

찔레꽃에 헌시獻詩

찔레꽃 정원이
장미꽃 정원으로 바뀌었습니다
붉은 장미의 향기에 밀려나도
흐뭇하게 바라보는 미소
정갈한 옷매무새가 보고픈 오늘
찔레도 오월의 태양에 순백으로 아름다운데
나의 열정이 장미를 더 편애했나 봅니다
장미의 가시보다
찔레의 가시가 더 무서웠던 세월
돌아다보면
찔레의 정원에 장미가 자라고부터
장미를 돋보이게 하려는 찔레의 바람이
향기 짙은 정원을 만들었습니다
어머니!
당신의 찔레가 소담스럽게 빛나는 오월입니다
어머니!
당신의 주름이 하얀 찔레꽃입니다

오늘은
장미가 찔레꽃을 받쳐 빛나게 하고 싶습니다
사랑합니다
어머니!

구절초

에움길 돌아선 곳에
순백의 하얀 영혼을 담은
어머니 손길 같은 꽃이 피어 있어요

차가운 밤이슬도 마다 않으시고
자식 사랑으로
머리 곱게 빗고 선
흐트러짐 없는 모양새 보이신
꼿꼿한 모정의 마음 담은 꽃

이제나 저제나
애타는 어미의 마음
긴긴날
자식 생각으로 애태우신
어머니의 사랑이
가을 향기를 담고 피었나 봅니다

파란 하늘 향해 간절함 모으고
사랑과 염려의 눈매마저 눈부신
하이얀 모시적삼 입은
어머니의 마음
그 따스함이 가을을 받들고 있어요

어머니 목소리 들리네

고요함이 밀려 오면 들린다
삶이 두렵고 힘겨울 때마다 들린다
어머니 목소리.
"두려워 말거라, 아들아!
엄마가 언제나 함께 하마"

지쳐 있을 때 잡을 수 있었던
주름진 그 손
이젠 잡을 수 없는 그 손 대신
나지막한 당신의 음성이
귓가에 들립니다

삶의 고개는
많고 많다던 당신의 말씀처럼
넘고 넘어도
또 산을 만나는 인생입니다

어머니!

어머니!

그럴 때마다

당신의 목소리 들려주세요

어머니 생신날

소리 없이 다가왔습니다
때 묻은 흔적
체취에
가슴이 뻥 뚫렸습니다

본 듯한 일상의 장면에
착각하여 멍했습니다

해마다
선물 드리고 축하드리던 그 날짜에
생신 상 차려 놓고
절하며 울먹였습니다

나의 걸음이
나의 뒷모습이
당신을 닮았다기에
꼬리잡이 하듯 뒤돌아 보고 돌아봅니다

울컥
복받쳐 울었습니다

엄마, 두려움이 없었나요

칠순이 다 된 누나도
인공 무릎 관절 수술받기 전
무서워 죽겠다고
며칠 전부터 두려움을 입으로 뱉었다

위암 수술
뇌부종 수술
심장판막 수술
폐암으로 방사선 치료 등등
15년 사이
수많은 병마와 싸우시고
거뜬히 이겨내시던
우리 엄마
당신의 마음엔 두려움이 없었나요

당신이 가신 뒤에
누나의 말속에서
엄마의 두려움을 보았습니다

담담해 하시고
두려운 내색 없이
여러 차례의 수술을 받으시던 당신
세월이 지난 뒤에 알았습니다

당신이 얼마나 두려워했으며
당신도 여자이었음을…
엄마, 무섭죠?
물어나 볼걸~~!!!
얼마나 두려워셨나요

들녘 감돌아 가네

꽃잎을 보네
어머니 누우신 자리에서

지나간 세월 부추겨
강물 따라 거슬러 왔는데
그리운 목소린 들리지 않네

어머니 모습
꽃으로 피어난다기에
사시사철 꽃으로 핀다기에
외로움 달래드리려
이렇게 달려와보니
강 따라 시간은 바다로 흐르고
꽃은
계절을 바꾸어 피네

어젯밤 서러우셨나
꽃잎마다
눈물 머금었고
떠나기 싫었던 이승의 자식 사랑
들녘 감돌아 흐르고 있네

정태운 시집
주인 잃은 카네이션

어미

젖가슴 드러내도
부끄럽지 않았다

등골이 빠지도록 일해도
서럽지 않았다

배고픈 아기에게
한 모금의 젖 방울 먹이고
한 조각의 빵이
생기는 일이니까

비 되어

어디 있는지
알지 못해
전하지 못한 마음
비 되어
온 세상에 내려봅니다

어머니 생각

엄마는 속이 넓어
여러 자식 품에 안고
자식은 속이 좁아
엄마 하나 못 품었네
산자락
양지바른 곳
외로워라 울 엄마

싸리꽃 피어나니
불쏘시개 생각나고
개망초 천지 피니
엄마 맘 알듯 한데
불러도
대답 없으니
불효자는 웁니다

늦었지만 풀꽃아 피어라

그립지 않으신가 봅니다
꿈속에서 불러도
보이지 않으시니

그립습니다
창가에 빗방울마다
당신 얼굴로 가득차니 말입니다

해동을 꿈꾸는
높은 산자락의 풀꽃 되어
여름의 문턱에 선 지금도
겨울의 꿈을 꾸고 있나요

그립지 않으신가 봅니다
질투하지도 않으시나 봅니다

다른 이의 정원에 핀 꽃을 보고
부러워 넋을 놓고
있는데도 말입니다

꽃나무 심으며

어머니 누우신 자리
봄철 보시라
영산홍 여러 그루 심어 놓고

여름철 즐기시라
배롱나무 두 그루 옮겨 심었네

가을철
우릴 잊지 마시라 국화꽃
탐스럽게 피게 할라요

겨우네 찬바람 외롭지 마시라
한식날
동백나무 서너 그루 심으려 하오

그러면
어머니 정원에 사시사철
꽃을 볼 수 있으니
울 어머니 미소 볼 수 있을까

민들레 된 사연

몸을 낮추고
땅에 귀 기울어
다가오는 당신의 발자국 소리
듣고자 했습니다

소쩍새 우는 사연 담은
내 누이의 마음인 양
작고 노란 국화꽃이라도
달고 싶었습니다

모두들
떠나만 가고
돌아오지 않는 그곳으로
날아가고파서
민들레로 피어납니다

묏자리

산길 돌아 그곳에
할매 묏자리
봄이라 말하니
길마다
작은 꽃을 피운다

손자 온다고
큰개불알꽃
아기별꽃
광대나물
어여쁜 꽃으로 환영하건만

서러운 눈물로 답한다
"할매,
오늘은 엄마 묏자리 보러 왔다오"

혼신의 꽃

질 줄 알면서 피어나는 꽃은
온 정성을 다하기에
향기롭고
아름답게 피어난다

언젠가 흙으로 돌아가는 줄
아는 이의 삶은
살아가는 의미를 알기에
하루하루에 최선을 다한다

우리는 꽃이고
우리는 자연으로 돌아간다

달 마음

달이 높이 솟아
세상을
비추는 것은
어두운 길을 걷는
당신의 앞길을 밝히고 싶은
나의 마음입니다

4장

어머니, 꽃으로 피어나소서

어머니, 꽃으로 피어나소서

계절을 기다리면
피어나는 꽃이면 좋겠습니다

사무치도록 그리워도
조금만 참고 기다리면
당신을 볼 수 있으니까요

굵어진 손마디 마디
주름진 얼굴
반기시는 환한 미소가 그리워
잠 못 드는 밤이 얼마였던가요

이 계절 지나면
당신이 떠나셨던 그 계절
봄이랍니다

어머니
꽃으로 피어나소서

어머니 사진

책상머리에 둔 당신의 사진도
덮었습니다
그리울까 봐
눈물이 쏟아질까 봐

보고 싶은 마음
다른 생각으로 떨쳐버리고
그렇게
세월을 누입니다

봄볕에
꽃 한 송이 심을 생각을 하고
저 세상에선 편안하시리라 위안을 삼고
오늘은 봄비를 기다립니다

바보 같은
생각을 가슴에 담은
눈물 어린 시간이 흐릅니다

봄이 오네 미소 품고

갑자기
그대를 향한 그리움이
몸서리치 듯
온몸을 엄습하는 것은
봄이
가까이 왔기 때문이리니

돌이켜
살아온 삶들이
겨울을 이겨내지 못했음은
웃자란 보리 같음이란다

스스로를 견딘
혹독한 겨울이라야
봄꽃이 향기롭지 않겠느냐

봄길엔

지난 겨울의 시련이

향기롭다는 어머니 말씀 들린다

봄볕의 아지랑이같이

잊음의 이유

울컥
솟아나는
그리움 하나
가슴에 심었습니다

그 그리움 자라나
계절을
아랑곳 않고
밤낮을 가리지 않고
눈물의 꽃을 피웁니다

수시로
피어나는 눈물의 꽃이 싫어
가슴엔 다시
잊음의 씨앗을 심었습니다

그리움 사무치네

엄마
울 엄마

보고 싶소
너무 보고 싶소

엄마랑 손잡고
봄나들이하고 싶소

그 마음을 몰랐습니다

울었습니다
목 놓아 울어 봤습니다

갑자기
찾아온 보고픔으로 하여
혼자의 공간이라
마음 놓고
목놓아 울어 봤습니다

어머니!
외할머니 돌아가시고
골방에서 우시던 당신의 모습이
제 모습됨을
그때는 몰랐습니다

어머니 그 마음을

잃어버린 세월

그리움은 잠 못 들어
뒤척이게 하고
달은 별들을 삼켜 고요하구려

오늘 밤
달 속에 그려진 얼굴
까마득히 잊었던
누이 모습 아버지 얼굴

세월이 수많은 계절을 바꾸었는데
아직도 고운 모습
늙지 않은 얼굴이 정겨워라

나보다 더 어린
정다운 얼굴들이 달 속에 노닐고
내가
내가 아닌 밤이 깊다

설날

기다리고 기다려 신어 보고 입어 보던
신발이며 때때옷 설빔
엄마의 손에서 가져 준 보물은
설렘을 안고 왔지
자지 않고도 배불리 먹을 수 있었던
하얀 쌀밥의 제사상

왜 이리도 자주 오는가 싶은 명절
기다려지기보다
어떻게 무사히 무탈하게
평화로운 시간을 보낼까 생각한 시기도
있었다

이제는
가버린 어른들 얼굴에
자꾸만 보기 힘든 가족들 모습에
달려가는 고향

흙장난 불장난 성묘마저 그리워
눈썹이 희어질까 두려움 없이도
하얗게 뜬눈 새며
설날을 맞이 한다
어머니와 함께

엄마 엄마 우리 엄마

엄마!
그립습니다.
보고 싶습니다.

불러도 대답 없으신 당신
밤이 외롭고
세월이 외롭고
당신이 미치도록 보고파서
가슴이 미어집니다.

이렇게 훌쩍
중년이 된 후에도
어머니보다 엄마라고 불렀죠.
그래요.
당신에겐 언제나 아기이고
언제나 과거이고 싶었습니다.

엄마!
엄마!
우리 엄마!
너무나 보고 싶습니다.

어머니의 길

아
이 길
당신께서 걸어 오셨던 그 길

아
저 길
당신께서 떠나셨던 그 길

길 위에서
당신의 손길을 느끼고
당신의 흔적에 가슴 아립니다

저기 저 길
알지 못하는 길이지만
나도 따라가야 할 길

그 길 끝에서
당신을 만나게 되겠죠

잃어버린 날의 영혼

마음이 텅 비어 있다
무료하다

아무것도 하기 싫어서
보는 것도
보이지 않고
듣는 것도 들리지 않은 체
넋이 나갔다

갑자기
마음 둘 곳을 잃어버렸다

그리고
울고 있다

이렇게도 비가 오네

아픔을 거름으로
슬픔이 태어난다

진료 뒤
함께 식사했던 종합병원의 그 식당 위에
한 바가지의 눈물이
주문한 메뉴와 함께 나왔다

먹는 게 뭐 그리 중요하다고
어머니의 자리를 비워둔 채
꾸역꾸역
밥이 입으로 들어간다

슬픔보다
어머니 생각보다
앞선 허기에
어머니는 틀림없이 서운해 하시리라

밥상 위로 한바탕 소나기가 지나간다

어버이날

어버이날 다음날
뒤늦게 부모님 찾은 성묘길

혼자서
툴레 툴레
소주 한 병 과자 한 봉지 사들고
카네이션 대신
길 섶에 피어난
장미며 찔레꽃
씀바귀 갈퀴나물꽃 물병에
모아 꽂고

산기슭 오르니
밉기도 하시련만
눈물이 앞서는 나를 보고 미소 지으신다
울 엄마 아버지

형제들 조카들 다녀간 흔적은
꽃다발 카네이션 바구니 놓여 있건만

늦게 왔다고
손녀들 증손자들
데리고 오지 않았다고 밉지나 않으신지
속앓이 하는 아들
바람으로 어깨 다독이신다

어머니 49재

어머니!
사랑하는 어머니!
중음에 머무신 시간도 잠시
이제 영원히 이승에서의 이별을 고합니다

두고 가는 아들딸 손자 손녀
돌아서 가시는 발걸음 얼마나 무거우셨겠습니까
영정에 어리는 당신의 눈물을 보고
얼마나 오열했는지 아십니까
보내 드리는 춤사위도 어찌 그리 구슬픈지
뿌리는 손길 손길
어머니의 걸음을 재촉하는 설움이었습니다

나의 어머니!
우리 어머니!
보내 드리기 싫은 저희들의 마음만큼
어머니도 떠나기 싫으셨겠죠
이승과 저승의 벽을 허물고 싶어도 찾은 이 없고

또 찾을 수 없습니다

스님의 염불 소리 낭랑히 들으셨죠
스님의 축원 들으셨죠
어머니의 한 많으셨던 삶도
이제는 놓으시고 떠나시구려
서방정토에서 부디 행복한 또 다른 삶을 찾길
저희는 아미타 부처님께 빌고 빌었습니다

사랑하는 어머니!
억겁의 시간도 무한의 시간엔 찰나이거늘
몇십 년 후에 뵈올 시간이 얼마나 짧은 시간일까요
다음 생에 모자지간으로 다시 인연이 된다면
아니 인연이 되기를 빌고 빕니다

어머니!
우리 어머니!
부디부디 극락왕생하소서

그리움은 아득하고

돌아보면
어제 같은 시간
그리움엔 아득한 세월

잡은 손 놓지 말 것을 후회해도
그 시절
그때를
놓치고 와버렸구나

언젠가
이 순간도
그리움으로 아득할테지

마음을 흔들며

불쑥
겨울비가
봄비인 양 속이고 내린다

불현듯
아련한 추억이
그리움인 양 찾아왔다

그리고
가버리는구나

외로운 날에 눈이 내리고

그리운 이의 얼굴이
떠오르지 않은 날
하얀 눈이
그리움을 품은 채 내렸습니다

바람에 날리고
파도에 실리는 응어리진 마음이
조각나고 부서져
하얗게 흩어지고 부서졌습니다

알아주는 이 없는 속마음에
나는
눈이 되고 파도가 되어
하얗게 하얗게
세상을 덮고 싶었습니다

아버지의 작별 인사

그립다 하니
까마득한 세월인 줄 알겠습니다
돌이켜보니
말씀 없으셔도 손 놓지 않으셨으니
사랑을 받는 줄 알았습니다
그러나
이별이라 하지도 않고
떠나셨으니
무엇을 말하는지 모르겠습니다
아~~~!!!
세월을 등진 채
안녕이란 말도 없이
떠나간 당신은
다시는 돌아올 줄 몰랐습니다

감사합니다. 당신이 계셔서

이순을 넘어 백발이 성성해도
어머니!
당신이 계셔서 아이 됨에 감사합니다

고향을 떠나 타지에 터전을 마련하고도
가끔 당신을 뵌다는 생각에
따스히 찾을 수 있는 땅
그 고향에
어머니!
당신이 계셔서 감사합니다

형제들 웃음소리
조카들 손자 손녀들 재롱에
정다움 안겨주는 구심점 되어 주시는
어머니!
당신이 계셔서 정말 행복합니다

자주 편찮으시다는 말씀
걷기 힘들다는 말씀
자주 찾아 뵙지 못하는 죄스러움에
몸 둘 바를 몰라도
당신이 계셔서
가끔이라도 팔다리 주물러 드릴 수 있고
용돈을 드릴 수 있고
재롱 아닌 재롱이라도 부릴 수 있어
어머니!
불효를 면할 수 있어 참 다행입니다

어머니!
불러 보기만 하여도
가슴이 찡해 오고
생각만 하여도 그리운 당신의 품
오래도록 저희 곁에 머무시기를
빌어보는 나날입니다
어머니!
당신이 계셔서 정말 감사합니다

5장

지난 햇살

지난 햇살

지난겨울
서러워 얼어붙은 사랑
햇살에 녹아
나를 적시는 봄비 되려나요

숨어버렸던 그리움 따라
사랑 찾아온다면
지난가을 날렸던
씨앗으로도
미소는 들녘에 가득하리니

그대를
잊고 있었단 말도 않을 테니
나를 잊고 있었단 말도 마시구려

아지랑이 피어오르니
그렇게 피어오르더이다

내일은 들꽃 한 송이 피우리라

내일은
가을 들꽃 한 송이 피어나려나 봅니다
설렘이 간절하여
별이 쏟아져 내리고
구름이 높아
갈바람 꿔서 불어오니 말입니다

내일을 위해
별들을 재촉하고
여명으로 아침을 깨우 듯
산들산들 내 마음 흔들고 있으니 말입니다

내일은
벌써 들꽃 한 송이 피우기 위해
잠들지 않고
밤새 꽃망울 쓰다듬고 있나 봅니다

아마도 내일은
그리움이란 들꽃이 피어날 것입니다

몽매하는 사랑

그대에게 가고 싶어
바람이 되고

그대를 적시기 위해
비가 되고

그대 맘을 흔들기 위해
향기로운 꽃으로 피어난다오

그래도 닿지 않는 저 하늘처럼
아득해라 그대 사랑

꽃이 지고

네 꽃잎이 지려고
간 밤 비바람이 친 것이 아닐진대
꽃이 졌구나
별이 떨어졌구나
나를 떠나갔구나

지고 난 뒤
잎새 하나는 매달리고
한 잎은 떨어져 너를 따르고
그리움은 씨앗이 되었다

아픔 이러니
그렇게 세월 속에 나를 묻는다
보고픔 이러니
다시 이렇게 기다림 위에 선다

혼자서 왔던 길

이른 아침
자욱한 안개 길 걸어갔습니다

스산한 바람이라도 불면
걷혀질 것 같은 거리
바람 한 점 없는 그 길 위에
서 있었습니다

보이지 않는 세상이라도
가야 할 길을 나섰음은
그대를
만나야 하는 이유 같은 것이었습니다

혼자서 길을 나섰습니다
어차피 혼자이어야 하는 인생길
그 길 위에
혹
그대를 만나는 행운이 있을까
기대해 보며
희뿌연 길이지만
혼자서 길을 나섰습니다

기억 너머

빛바랜 기억 속에
묻어 둔 사랑

세월 속에 두고 온 사람

오늘
어둠을 타고
한 줄기 빛으로 오네

정태운 시집
지난 햇살

그리움에 취하여

늘 그리운 이
늘 보고픈 이의 모습은

샘물 같은 아픔을 가졌을까
파도 같은 사랑을 가졌을까

호수 같아도 좋고
꽃 같다면 더 좋다

밀려오는 그리움에 취한다

가을인가 봅니다

해마다 오는 계절
해마다 맞이하는 강쇠바람
해마다 피어나는 가을꽃들

고추잠자리
어김없이 많아지고
살살이꽃 하나 둘 색색으로 피어오르니
들길 논길이
정중히 고개 숙여 나를 부릅니다

아~~~!
가을이 시작인가 봅니다
사랑이 영그는가 봅니다

길 가다 하늘에 님 얼굴 그리고
떨어지는 낙엽을 책갈피로 끼우니
시간은
푸른 창공에 더 높이 멈춰 섭니다

어머니의 푸른 하늘도
누이의 싱그러운 꽃향기도
떠올리고 가지고 행복해지니
가을인가 봅니다
가을인가 봅니다

계절은 떠나가고

어찌
이렇게 쉽사리 시간을 외면하고
낙엽이라 하고
떠나야 하나요
바람이
마음을 헤집는다고 해도
쓰러진 마음 위에
마음 얹기 쉽지 않은 것이거늘

내 마음 그대 마음
떠나가는 낙엽처럼 가벼웁나요

11월을 보내며

그립지 않은 것이 있을까
11월을 보내면

잊어버리는 것도
잃어버리는 것도
시리도록 푸른 하늘에 띄우고
뼈 속을 파고드는 바람에 날리고

그렇게
잊고 잃고 가는 시간에
날리고 쌓여가는
내 그리움

가을 하늘이 되고서야

그대의 가을 노래에
들국화 한껏 뽐내게 하고
산과 들
비단으로 물들게 하고
그래도 모자라
철 지난 계절에
붉은 장미 한 송이 피워 보았습니다

아~~~!!!
나는 창공이 되고서야
그대 마음 알고
그대 사랑 향기로 느끼고
그대 체온 바람으로 안아 봅니다

내가 잡은 손 하나가
내게
넉넉함을 느끼게 하는 미소라는 걸
이렇게 벅찬 가슴이라는 것을
가을 하늘이 되고서야 알았습니다

빗방울

빗방울
떨어져
동그라미 그리는 것은
아마도
동그란 네 얼굴을 그려
내게
전하고 싶은가 보다

풍등을 띄우며

마음 끝에 달았던
솟대를 내리고
하늘 높이 풍등을 띄운다

나지막히 가슴을 지키다 못해
저 하늘 높이 올라
지켜 보련다

나의 꿈아
나의 사랑아

첫눈

오시려나 봅니다
그대도 그리운가 봅니다
찬 바람 불어도 오시나 봅니다

기다림에 지친 사랑이라지만
그리움 넘치니
오시나 봅니다
사랑 가득 품으셨나 봅니다

다시 가실 때
그 사랑 남김없이 주시고
내 사랑
가득가득 넘치게 가져가소서

오시나 봅니다
기쁨에 나는 밤을 지새우고
그리움에 그대도 잠을 설치겠지요

조약돌

그리워하지 않은 줄 알았는데
그리웠나 봅니다
까마득한 기억을
더듬는 모습에서 나를 봅니다
스쳐 지나간
많은 인연들 중에
유독 뚜렷한 한 송이 꽃처럼
시간의 번뇌가
가져다 준
그 바닷가의 돌 하나

그리움의 여정

그립다 그립다
되뇌니
꿈속에나마 찾아왔구려

사랑한다 사랑한다
가슴에 새기니
꿈에나마 입맞춤 주시는군요

한평생 옆에 있어도
그리울 당신
봄빛은 달랐어도
겨울빛은 함께 합시다

이별 교육

꽃이 필 때
꽃은 꽃잎을 떨구며
이별을 맛 보였고
열매 맺어
헤어짐을 가르쳤습니다
갈바람 지나고
북풍이 오는 날
앙상한 가지를 보여
이별은
이런 것이라 알려줍니다

돌아가는 봄비

별이 내리지 않는 밤
사랑도 잠들고
꽃들도
그리움마저도 잠들었나 봐요

그리는 마음까지
어둠 위에 포개진 시간

아스라한 기억 하나
창가에 머문 인연으로 남습니다

죽음보다 두려운 것

꽃이 피어나지 않는 정원
꿈이 없는 미래
죽음보다 더 두려운 것

그것은
당신이 없는 나날입니다

사랑의 기억

그리움이 가슴에 저미면
눈가에 어리는
이슬이 아름다울지니

가질 수 없는 아픔의 강을
건너고 건너서
생각이 만나는 사랑

낙엽 따라 떠나는 시간

소슬바람
몰고 온 지 언제라고
녹음을 재촉해 단풍 들게 하더니
잎새 하나 붙잡지 못하고
땅으로 떨구는군요

잠시 가슴을 설레게 하고
달콤한 키스로
밤을 지새우게 하더니
벌써 이 짧은 유혹을
거두어 드립니까

노을 지지 않는
석양이 없다지만
가끔은 시간도 멈추어 서서
짧은 포옹을 지켜볼 만도 한데
야속한 계절은
떠남에 냉혹합니다

그래요

안녕이에요

그래요

겨울이 오면 또 봄도 오겠죠

어머니 전언傳言

초판 1쇄 인쇄 2022년 04월 20일
초판 1쇄 발행 2022년 05월 07일

글 정태운
삽화 김은주, 수록
펴낸이 김윤희 **펴낸곳** 맑은소리맑은나라
디자인 방혜영

출판등록 2000년 7월 10일 제 02-01-295 호
주소 부산광역시 중구 중앙대로 22 동방빌딩 401호
전화 051-255-0263 **팩스** 051-255-0953
이메일 puremind-ms@hanmail.net

ISBN 978-89-94782-93-5 03810
값 16,000원